무아

심지시선 044
무아

2021년 1월 7일 초판 1쇄 발행

지은이 이창진
펴낸이 윤영진
기획편집 함순례
홍 보 한천규
펴낸곳 도서출판 심지
등록 제 2003-000014호
주소 34570 대전광역시 동구 대전천북로 12
전화 042 635 9942
팩스 042 635 9941
전자우편 simji42@hanmail.net

ISBN 978-89-6627-196-2 03810

* 이 책은 한국예술인복지재단에서 사업비 일부를 지원받았습니다.

심지시선 044

무아

이창진 시집

시인의 말

쓰고 써도 채울 수 없는 허공, 허전한 틈에서 바람이 인다.

먼 산의 안개가 벗겨졌는지
시를 찾은 것이 내가 아님을 알 것 같은 날갯짓

산 오르듯 정복할 수 있는 것이 아니라는 한계에서 쉬어 가기도 하고 더 갈 수 없는 좁은 틈에서는 읽고 쓰고 지우고 간절히 생각하며
시간이 흘러가야 보이는 것도 있다는 것을 깨닫는다.

삶에 활력을 주는 사랑꾼같이
스스로 살아있음을 증명하려는 생물같이

시는 시인의 것이 아니라 시 자신의 것

어떤 시 세계가 심장 쿵쿵 뛰게 하며 나를 이끌고 가는 것만 같다

시의 말을 따라 울고 웃는 미완의 아이처럼

두 번째 문을 열고 향하는 걸음이 왜 아린지 메마른 눈물이 괸다.

2021년 새해를 열며

이창진

차례

재2부 봄 노래

제3부 가정

제4부 침묵

제1부
불꽃

가을 풀벌레의 눈물

아버지의 그림자가
짙어지는
그리운 가을

일곱 자식을 살찌우더니
뼈만 남기고 가신
속울음

마른 낙엽으로 찾아와
말갛게 닦아주시는
끝사랑

풀벌레같이
울 수밖에 없는
아버지와 맺은 가을 노래

고향, 봄 같은 아이

초침같이 바쁜 몸을 추스르려면
고향을 찾는다

가난의 멍에를 지고도
웃음으로 가볍게 넘어갔던
해바라기 아이를 만나러 간다

백 년 살이 집은
휘어가는 세월만큼 아련히 품어 주고

고집 센 울음 멈추려고 떡잎 같은 몸을
집 앞 논바닥에 던진 할머니 매운 손

센 울음을 받아들고 돌려주지 않아
천덕꾸러기같이 되었지만
해맑게 방울방울 웃고 있는 칠월의 논

둥지 속 고향을 불러 본다

점순이 수남이 경자 정림이 명자 석필이
개울가 졸졸이 황토길 질펵이 개굴개굴…

풋 어린 손, 초록초록 삘기 씹다
배고파 도시락 까먹던 행복들아!

우리 살과 피에 돌고 있는 고향,
봄 같은 아이들아!

개울가 툼벙이

어릴 때 산골짜기에서 흐르는
풀장 같은 개울에서 아이들끼리
해지는 줄도 모르고 벌거벗고 멱 감던

오염되지 않은 순한 마을을 품고 있던

물고기 산새 돌멩이와 툼벙툼벙 놀면서
햇살웃음처럼 맑은 물빛소리가 있던

소곤소곤 엄마 품속처럼 따스하게
개구리 도롱뇽 알알이 키운 봄이 피던 곳

메마른 누런 잎을 촉촉한 입술로 적셔
깊은 잠을 깨워 간질간질 함께 뒹굴던
동산의 새순 같은

철부지같이 부딪치고 구르며 웃었던
바람 짐승 들 숲과 어깨동무하며

부르던 합창노래가 흐르던 곳

컴퓨터 핸드폰 첨단문명과
이기주의에 파묻혀
떠내려가는 산골짜기 툼벙툼벙들아!

부활復活

콘크리트 벽을 뚫은
민들레가 상념想念에
빠졌다

툭툭 스치는 구둣발
쌓이는 쓰레기 공포
폭풍 쳐대는 채찍질

휘어져 병들어가고
삶과 죽음의 그림자
경계선을 넘고 넘어

꽃을 피워낸 삶의
향기에 노랑나비가
찾아와 쉬는 봄볕

부엉이 말

먹잇감을 향해 날개 활짝 펴고 날다가
잘 못 앉아서 빈 화분에 빠져 들어갔어

너무 좁아 날개도 부리도 발톱도
꽁꽁 묶였어

커다란 두 눈만 하늘을 바라보며
밤새 관속에서 깔딱깔딱 숨만 삼켰어

아무리 힘센 도구를 갖고 있어도
빠져 나올 수 없는 웅덩이가 숨어 있어

호랑이도 독수리도
웅덩이에 빠지면 아무것도 할 수 없이
깜빡깜빡 하늘만 쳐다볼 때가 있지

싹눈

쓰레기장에 핏기 없이 버려진
국화가 쓰러져 있다

가져와서 정성껏
화분에 옮겨 심었다

볕이 예쁜 오월
수레국화가 싹눈을 틔워

파란 하늘로 펑펑 펼치며
방안을 덮었다

가족의 마음이
점점 파래졌다

버려지고 쓰러졌다고
쓸모없는 것이 아니라는 것

우리에겐 겨울 지나 봄에 필
하늘 닮은 싹눈이 숨을 쉬고 있다

위로慰勞

연속된 실패의 두려움이 뼛속 깊이 들어와 쌓이고
찬바람만이 발목에 붙어 얼음 걸음이 되어 갈 때

애틋한 열 손가락이 풀어보려고 뽑고 닦아내지만
지쳐가는 빈 손의 한계에 안타까움으로 남았을 때

빈 손을 봤다
모든 길들은 무너지지 않고 제 자리에 뻗어있다

두 손을 잡았다
길과 길이 끌어안고 서로 위로해 주는 힘을 봤다

굵은 길을 걸을 때도
여전히 흩어지지 않고 둘은 그대로 있다

좁고 험준한 길을 걸을 때도
서로 열어주고 위로하며 제 자리에 있다

두 손에는 변함없이 어루만져주는
행복 하나가 있다

자세히 봤다
태중아이도 초승달을 안고 미소를 짓고 있다

공원을 걷다가 꺾인 나뭇가지를 만졌다

두 손 예쁘다

번짐

비오는 날이면
학교 운동장이
파동을 일으키며 소리를 넓혀간다

마지막 종소리가 떨어지면
순간 터져 나오는 아이들 파동은
심해心海로 깊어진다

목청을 높여서 경쟁하듯 넓혀가고
개구리 닮은 소리들은
먼 엄니를 찾아댄다

북 치듯 우산을 치는 비 장단에 맞춰
나란히 걸어가며 동동 웃음이 척척
번져가는 다정스런 발과 발 사이

물찬 검정고무신이 벗겨지면서
맨발의 엇박자가 흙탕물처럼

어지럽게 번져가는 슬픔

찢어진 비닐우산도
그리웠던
뻥 뚫린 아이의 빈자리가 커간다

비가 올 때면
물방울 울림이 터지면서 온몸으로
깊숙이 번지는 아픈 그리움

풋보리 그늘

검정 광목천 책보자기를
새순 같은 어깨허리에 메고 다녔던
이십 리 추억이 녹슨 열쇠에 매달려 있다

배고파 가늘어진 허리와 배를 채우고자
삘기 씹어 먹고 코 흘리며
흙먼지 붉게 마시며 다녔던 길

산등선에서 울리는 설움을
발목에 물들이며 엉키어 넘어 가던
외길 초등학교

집에 오면 싸리문도 메마른 허기에
속절없이 꾸르륵 꾸르륵
빈 배를 잡고 요란히도 흔들었지

헐렁헐렁한 고무신이 헐떡여도
방안에 있는 얼룩진 누런 상보만

아른거렸던 먼 거리

아랫목 두툼한 이불 속에 묻어 둔
꽁보리밥을
바가지에 툭툭 털어서

된장 고추장 들기름 한 방울로
썩썩 비벼 먹으면 그제야
행복이 입가에 묻었던 풋보리 향

유물

검은 유물이
살 속에 잠들어 있어

가슴이 파닥 파닥
뿌연 눈물이 핑핑

새싹 같은 어린 몸과
배고픈 추위를 보호하려고
몸을 다 태운 자양분

뚫리고 찢어진 채 형체만 남아
추워 떨고 있는 흔적
생화生花를 피워준, 내 유물이 된
잠바

장작불

어린 뼈를 단단히 채워가며
추억의 동심 키웠던 지불놀이

호롱불 흔들며 따뜻하게 웃던
동네 아이들과 함께한 구들방

떨어지는 낙엽을 붙잡아 놓고
한 편 시를 불태웠던 가을 마을

아버지를 잃은 슬픔 속에서
애절한 가락이 깊이 타올랐던

내 안의 아궁이 장작불은
밥이었다

적삼저고리

할머니 빌던 두 손에는
장독대 항아리가 살아 숨을 쉰다

촛불은 종재기 위에서
온몸을 흔들어 불사르고

흰 적삼저고리 입고 밤마다
손 모아 빌던 달빛 정성주름 쌓여

떡시루에 보름달 익어 밝아지면
모락모락 커져가는 둥근 웃음들

손에 핀 불씨는 꽃과 향기가 되어
하늘로 향해 올라가고

맛과 소원 담긴 둥근 항아리같이
옹기종기 앉아 먹고 마시는 가족

적삼저고리 온기가 잔잔히 흘러
내리내리 봄 꽃잎처럼 따뜻하다

불꽃, 봄을 부르다

설레던 봄이 오기 전
불꽃 피웠던 개울 뚝

초록 보리 짙은 가난
움푹 파인 얼음 조각

해진 양말 발가락 끝
시리도록 빨개진 살

마른 풀에 불이 타며
얼굴은 빨갛게 오르고

봄 전령 파고든 동심과
개울 골이 파랗게 피면

봄은 달음박질을 하여
꽃을 태우기 시작한다

열무김치

5일 장터 열무가 식탁에 올라왔다
입에 넣자 어머니의 가슴이
파란하늘에 익어 가고

아버지의 볏짐 지게를 메고
논두렁밭두렁 넘어 가던 고단한 땀이
초록열무에 아삭아삭 부서지고

밥상에 녹아내리는
향긋함을 비벼 내니 살 속 깊은 곳에
고향 냄새가 끓어오르고

아팠던 눈물도
어머니 손맛이 닿는 순간
살빛에 봄이 피어나면서

색색의 그리움이 버무려지더니
집안 가득 열무김치 소리로
둥근 밥상이 폴폴 익어가는

부지깽이

드레스에 묻은
꽃 치마 살짝 늘어뜨리고
꽃신 신고
바람 위를 걸으며 살던

부엌에는
굶주린 어린 생쥐들이
허기진 빈 수저만 들고
이리저리 달그락거렸다

새 부지깽이는
외출로 분주하고
굴뚝 연기는
기약 없이 잠을 잤다

허상처럼 사라진 꽃
찾는 사람이 없고
펄럭였던 잎도

벌레들만 끼어들었다

어쩌다 부지깽이 끝에서
늦은 싹이 하나 틔어 나와
손잡이가 없는 밥솥을 잡고
울고 있는 장애아의 서러운 이야기

제2부
봄 노래

부평초

연초록으로 동동 떠도는
젊은 영혼의 갈증

파란 구름을 안았나?

아롱아롱 서서
한 몸 붉도록 바삭 태운
한줄기 연보라

눈물, 맵다

백 미터 앞에 가면 닿을 금강에서
아버지는 가끔 무릎까지 옷을 올린 후
망을 메고 들어가 낚시를 했다

어느 날 말없이 집으로 돌아와
연탄불에 매운탕을 끓여줄 때

얼굴에 흐르는 황소 눈물자국보다 진한
둥근 눈에서 흘러내리는
외롭고 쓸쓸한 눈물자국을 봤다

집을 비운 허공 속 엄니를 대신해
어린 자식들을 애틋하게 바라보면서도
채워줄 수 없는 빈 현실에서 오는
아픈 고독의 눈물자국

매운탕 냄비와 밥상을 들고 오는
아버지의 커다란 손이

왜 흔들렸는지도 몰랐던 아이가
아버지가 되어 보니
눈물, 맵다

부모

한 가정을 떠날 수 없기에
부서져 으깨지고

가슴에 붉게 멍이 들어도
아랑곳하지 않으며

소리 없는 눈물만 쏟아 내어
아무런 흔적이 남지 않는

자식들 제 길로 떠나갔어도
잊지 못해 겹겹이 감싸는

허물을 꾹꾹 눌러 감추면서
홀로 안은 멍

마지막 숨이 멈출 때
우리 가슴에 깊이 박힌 자국

겨울 한살이

부엌 아궁이 장작불
타들어가는 몸짓에
밥이 익는 냄새소리

안방 뽀도독 펴지며
갓 젖 땐 아이 살결
꽃 사랑의 울음소리

긴 밤 사랑채에서는
고구마 감자 밤들이
화들화들 화롯불사랑

아랫목 구들방에서는
장 메주가 소록소록
봄을 익혀내고 있네

동박새

해안가 바위 틈 뿌리박고
백설 위에 선 동백나무에
순정 묻은 둥근 눈망울이
붉게 타는 입술에 빠졌네

조매화鳥媒花

짙은 눈썹에
핀 눈서리 꽃

입술 비비며
휘파람 부네

무아無我

사십 년 만에 고향을 찾아가보니
추억이 배어있던 산마루는 간곳없고
아파트에 싸인 느티나무만 우뚝 서 있네

오백 년의 흔적을 안고서도
흔들리지 않고
고향에 뿌리박고 있는

우리들의 이름을 품고서
우주공간 풍세風勢를 맞으며
떠나지 않고 버틴 세월의 연륜

깊이 파인 상처와 뒤틀린 몸으로
싸우고 넘으며 벗을 붙잡고
변함없이 고향의 몸으로 살고 있네

누구의 이름인지
누구의 살결인지

누구의 아픔인지
누구의 생명인지

고향을 만지고 있는

세월의 두께로 주름살을 다듬지 않아도
뚝뚝 떨어지는 거친 땀

무의 경지 속 뛰노는 초록 바람을 키우는
느티나무 한 조각에 들려 인생 노을 젖네

제비꽃

논두렁에 피어 난
진흙 꽃

논밭에 푹 빠진
애비 얼굴

혹한 높바람에 깨진
할미 손마디

억센 한恨
젖살로 웃네

산골아이 같은

초가집 앞마당에서
꿀꿀이
울타리가 없다 눕고

외양간 여물통에서
암탉이
엄매 없다 발길질

콧물 훌쩍훌쩍
개똥이
먼 산에다 컹컹컹

탱자나무가시 위에
나팔꽃들이 해맑게
트럼펫을 불고 있는

실향失鄕의 향수

할머니 걸어간 새벽 논밭 뚝 길에
헝클어진 머리카락 주섬주섬 담아
꽃다발을 만들어 주던 길

벽에 기대어 꾸벅꾸벅 공부하던
진흙 한 덩이 같은 어린 아이가
호롱불에 호롱호롱 자라가던

신문지 듬성듬성 발라 놓은
벽과 천장에서 바람이 울 때
손과 손을 잡고 온기를 비볐던 방

갈대 흙 나무를 척척 얼키설키 뉘인
처마 밑에서는
제비 새끼 주둥이 올망졸망 살던 집

멍석 위에서는
아버지 도리깨질로

콩깍지 콩콩거리며 좋아 뛰놀던 뜰

양지 볕에는 어미닭 품속에서
병아리 삐악삐악
송이송이 즐기던 봄, 소풍나들이

강아지풀

목덜미가
푸르른 젊은 날

몸짓을
흔들어 대는 들판

알알이 잔치
참새 부르고

만삭된
잿빛 먼먼 여행길

동심이 익어
새싹 툭툭 트고

쪼이고 밟혀도
구름보다 부드러운

약한 듯
강한 어머니 품 같은

목련화

밤안개와 찬 이슬에
깊은 속살을
백옥같이 뿜어낸 꽃

연한 젖몽우리
방울방울
서럽게 떨어지더니

새살 올리어
낙화한 자리
파란 봄비가 피었네

꽃

산마루에 걸터앉아
억세게 살아간 씨앗을 한 움큼 집어
마을 어귀와 골목길에 뿌렸다

창가에 가로등 빛이
사랑방 속
눈망울에 들어와 번쩍이면서

깨진 처마에 떨어진 대나무가
쑥~ 자라더니
꽃이 피었다

순간 떨어져
먼 곳으로 날아가
그리움이 된 자식

탄생

토기장이
흙 한 줌

한 땀 한 땀
빚어낸

도자기가
숨을 쉬듯

시인은
번쩍 한 줄로

한 점 한 점
살려내

한 편의 시를
깨운다

시어詩語

순간의 언어로
떨리고 놀라서
솟아나는 기쁨

설렘에 마주쳐
온몸에 전율이
회전하는 영감

뜨거워진 가슴
두 뺨에 흐르는
시어의 상상력

굳은 칠삭둥이
손가락 마디가
살아나 웃었네

제3부
가정

속울음

바위틈 사이로 파고들어간
고목나무 뿌리처럼
길고 질기기로 고집 센

부서져 헝클어진 어깨에도
소나무 옹이에 박힌 관솔처럼
단단히 깊어져 진하게 밴

바위에 붙어 일곱 놈을 뽑아냈어도
뿌리만은
틈 속 깊이 숨어서 안고 울던
울 엄마

할미꽃

꽃보다 예쁜 열일곱에 산촌으로
시집와서 남편 군대 갔다고
시어머니 사계절 시집살이로
방에서 잠을 자지 못해
밤이면 부엌 아궁이 옆에서
등 굽은 꼽추가 되어 잠을 잤네

밤새 웅크리고 잤어도
새벽이면 소 여물을 끓이고
줄줄이 매달린 피난민촌처럼
시집 식구 열 명 밥을 매일 해댔어도
불평 한번 없이
혼자 숨어 눈물을 치마에 감췄던 꽃

남편이 돌아와
임신과 시골 농사에 쉼 없이 달려
팔순을 넘어오면서
몸에 남아 절뚝거리는 상처 흔적들

그래도 남편과 다음 세상에서도
함께 살고 싶다는

아무리 힘든 일 해도 불평 한번 없고
다리가 아파 힘들어도
몸을 끌고 나가 농사일을 돕는
물빛보다 수수하게
허허허 웃으며
고개를 숙인 예쁜 산골에 할미꽃 있네

슬픈 흔적

아침 일찍 철도다리 밑에 가면
돼지고기가 있다는 소문에
어린 아홉 살은
하루에도 몇 번씩 다리 밑을 돌았다

군 트럭에 모래를 싣고 있던 미군이
물병을 주었을 때
심부름으로 받은 라이터를
아버지에게 준 다리 밑 기억

성인이 된 후 알게 된 사실은
밤에 자살하려는 사람이 철도 위를 걷다
기차가 오면 정면으로 부딪치면서
산산이 부서져 떨어진 살점을
고기라고 소문낸 슬픈 현장

철도다리 위를 달리는 기차가
과거 흔적을 토해내려고

흐르는 금강 물살을
붉게 가르며 씻어내듯
나의 슬픈 흔적을 씻어내고 싶은 하루

바람 앞에 선 등불

돌돌 말라가는 잎처럼
빛을 갈망하며 사는
쪽방 사람

꽃 몽우리가
뭉그러져 피지 못하는
깨진 어깨뼈

땅에 뿌린 피와 검은 하늘
몸에 박고 사는
누명인陋名人

자식덩이 머리에 이다
무릎이 부서져 깨진
앉은뱅이 여인

쏘는 화살에
과녁판이 되어 살아가는

천민天民

바람 앞에 당당히 섰네

보릿고개

나무껍질 진흙 먹고 산 60년대
똥구멍이 찢어지게 가난하여
까칠까칠 보리밥만으로 행복했던

삘기 풀 사이 사이에는
억세게 배고픈 이야기만
주렁주렁 매달려 있던

바삭 마른 엄니 젖에는
아기 울음이 쉬지 않고 있어
얽히고설켜 갈라져 터진 구멍들

일을 하고도 월급을 받지 못하는
노동보릿고개 사람들

가게 문을 열어도 손님이 없는
코로나19 보릿고개의 계절

여기저기 온통 가슴 찢어져 우는
보릿고개들이 있네

아홉 개의 깃발

이력이 없어 고개를 들지 못했던
아버지의 이력은 이렇습니다

춥기만 한 긴 겨울을 몸에 지니고
쉴 새 없이 팔랑거렸지요

밤에는 잠들지 못하는 천심으로
가족 아홉을 먹여 살렸지요

태풍이 닥쳐오면 살이 찢어져도
입과 눈을 닫고 더 빨리 뛰었지요

가랑잎처럼 자꾸만 말라가는 체력
시름시름 작아지는 몸

누구도 모르게 척척하며 살다
갑자기 광풍이 쳐서 뚝, 떨어졌지요

눈물도 흘릴 수 없이 말라
부서져가는 소리조차 없이

아버지 짧은 이력이 아홉 기둥에
단단히 묶여서 펄럭이고 있어요

노송老松

산세 구비 돌아서
그늘 아래 졸졸졸
산새 울음 곡조에
흐르는 가락 맑아
숲 속 풀벌레들이
계절 풍류 불면서
천년 살이 별들은
구름을 벗 삼으니
솔솔 청청 담아서
풀어낸 사연 깊네

연蓮

진흙탕 인연 속
뿌리 깊은 연이
사랑의 연인 걸

도르르 굴러 낸
속세 속 인연이
하늘의 꽃인 걸

심지 희고 붉어
만상 쉬어 가다
엉글 엉글 스친
평안 자비인 걸

동행

길을 걷다가
기댈 곳이 없어서
가로수에 기대어 쉬었다

산을 걷다가
기댈 곳이 없어서
풀숲에 기대어 쉬었다

공원을 걷다가
기댈 곳이 없어서
벤치에 기대어 쉬었다

홀로 걷다가
함께 걷는 당신이 있어서
행복하다

부부살이

앞마당 겨울 화단에는
붉고 예쁜 잎과 열매를 맺은 남천에
함박눈이 소복 쌓였습니다

희고 차가운 무게
따스한 볕이 들어오는 양지
온몸은 더 붉게 타올랐습니다

때론 얼음같이 차가운 당신이지만
내려준 천생행복이기에 차분히 견디며
품고 살아가는 남천처럼 살고 싶습니다

선인장 부부

자기 닮은 열매를 맺는
선인장에 붉은 꽃이 폈습니다

깊은 초록마음 어머니와
고집 센 아버지 가시로

꽃과 열매를 맺으며
애증을 갖고 살았습니다

온몸으로 자식을 키워내며
연하면서도 단단히 산 어머니

사막의 거친 세상을 억센
가시로 지켜내며 산 아버지

사막에서도 한 몸으로
뜨겁게 살아가는 선인장 부부

가장家長

자식과 시집살이 바람에
꺼질듯 꺼져가는 색시 위해

신랑은 외로워도 홀로 일어나
촛불을 지켜야 했지

촛불은 밖으로 뛰어나가
밤바람 무리와 싸워야 했지

밤새워 울어댄 촛불은
흔들리면서도 버티고 버티며

매일 스스로 채찍을 가하며
어둠을 밝히는 불이 되었지

심지는 다 타고
몸은 무너진 채로 남아 있는

세대차이

정자나무에 매달린 그네를 바라보며
꿈과 희망을 품었던
시골 아이에게 다가온 한줄기 빛

담력을 키워갔던 아이의 마음속에는
변하지 않을 것 같이 단단해 보였던 순純그네가
홀로 버려진 허수아비처럼 가랑비에 축 늘어져 있다

화려하게 꾸민 도시 불빛 놀이터에서는
밤엔 먼 어둠을 빨고 낮엔 쓸쓸함을 핥으며
뒷골목에 부러져 매달린 늙은 가지처럼 흔들리고 있다

밝은 무리 속에서 버려진 왕따처럼 허공에 묶인 채
고통의 신음 소리를 뿜어내며
흐릿흐릿 가벼워가는 녹슨 바람이 붉게 부는

여정旅情

석류나무 휘어진 입술로
햇볕 안은 맘이 붉어라

아낙네 굴뚝연기 피워
온기가 무르익어 눕고

아버지 홍 잠들어 가니

깜박 깜박 늙은 지팡이
어스름 고개 길 더듬네

악취만 남아

짝사랑처럼 깨고 나면 빨고 싶고
순간 스트레스를 풀어 줄 것 같은
중독에 잡혀 끌려가는

사라진 연기 실체는
벽 속에 박혀
찐득찐득 쌓여가고

빨고 뿜어내며 나오는 연기
좋다고 자유롭게 춤을 추며
독을 품고 흩어져 가는

나의 연기演技가
불타는 구백 도에서
사라질 연기로

타들어가다 남은 꽁초는
일그러진 채로

역겨운 악취를 뿜어내고 있는

슬픈 이야기

아빠, 나 문제 생겼어
나 이혼 했어
나 어떻게 해 돈 좀 줘

아빠, 조만간 한번 갈게

이랬던 자식이 십 년간 얼굴 한 번 보지 못했다
필요할 때 전화하고 해결되면 전화 한번 안하더니
이제 힘없이 늙고 병들어 있다고 전화도 받지 않는다

바위처럼 딱딱해진 고독
서릿발 같이 부풀어 오른 차가운 밤
서글픔이 화약심지의 불처럼 타오른다

부모가 아닌 부담스러워하는 거지
외면당해 버려진 노인은
술이 달래주고 울어주는 친구로 지내다

자신도 모르게 무연고자가 된 노인은
잠 못 이루는 캄캄한 판자촌에 머물다가
고독의 끝판에서 아무도 모르게 사라져갔다

제4부
침묵

발소리

설레는 마음에
촉촉이 물들여 놓는
하늬바람에 핀 햇살

사륵사륵 스미어
단풍 닮은 손에
아담 추억을 담아서

들려주는 솔솔바람
입술에 살며시 닿으면

수줍던 발소리 다가와
냉온가슴앓이
풀어 줄 가을무늬 같은

이름

살려고 무섭게 싸우는
전쟁터처럼 살다

세월의
망각으로 빠져나가면

갖고 있던 화력도
지우개로 지워지고

쌓아놨던 당당함도
거품처럼 사라져가듯

감쪽같이 터지면서
스쳐간 바람새

종착역 사람들

오염된 검은 바다와 사투하는 생물과
어부는 먹고 사는 문제로
치료될 수 없는 병을 앓고 신음하고

살려고 밑바닥 공포에서 밤낮 몸부림치는
독거인은 본능만이 살길이라며
찢어지는 배고픔을 안고 근근이 살고

사람들이 오가는 기차역 후미진 구석
폭염 속에서 깨진 소주병과 고독으로
마지막 길에서 숨만 쉬는 걸인이 있다

껍데기로 찰싹 먹고 찰싹 토해 내며
영혼을 잃어버린 채
떠도는 빈 플라스틱처럼 사는

종鐘에서 종終으로

새벽 네 시 닭 울기 전
자명종自鳴鐘이 울린다

물 한잔에 쫓기며 간 인력시장
빈 입김들로 가득 차 있다

막장 노동의 피로로
몸에 땀을 비 오듯 쏟는다

하루 품삯을 발목에 묶고
털털 막걸리주막에 들린다

벨소리가 요란하게 깔리면서
임종臨終이 울린다

박탈감

불고기 냄새가 코끝과 입안에 닿자
병뚜껑이 열리고
빈 잔에 술이 부어진다

버려져 뒹굴고 엎어지고 찌그러지고
차이고 밟힌 자국만 남아
기약도 없이 쓰레기통에 처박힌 뚜껑

존재로 기대를 안고 버티며
살아 온 삶의 자리도
견고히 지키며 산 시간도

쓸모없는 폐기물이 되어
혼자 벌러덩 누워
어둠만 채워가는 병뚜껑 같은

입춘

양지바른 산언덕에
봄볕을 맞은 개나리
첫사랑의 설렘처럼 두근두근 물들어가고

하품을 할 때마다
눈을 뜬 산수유에
깜박거리는 아이의 눈웃음 소리가 들리는

바람에 날리는
소녀의 머리카락처럼
수양버들 생기가 찰랑찰랑 늘어져 흔들고

줄줄이 선 벚나무는
만개할 기대에 부풀어
발목에 햇살 챙챙 감고 뛰는 젊은이 가슴

보문산寶文山

산성전투로 절뚝거리며
치열히 싸운 마른 꽃잎

빨갛게 물들어가는 산
눈물 뚝뚝 떨어진 바위

비로봉 바위에서 울던
선조의 날선 메아리를
먹구름 속에 데려가서

번개와 뇌성으로 한恨
벗겨낸 순박한 산마을

천상의 보물을 빼닮은
神聖 무지개가 앉았네

사월

흙의 온기 살아
꿈틀꿈틀 문 열리고

묵은 장독대
틈 사이에 핀 꽃잎

겨울 내 익은
치맛자락에 봄기운

싸리나무 봉우리
갸웃갸웃 고추잠자리

햇살 마시고 싶은
그늘진 풀잎 마음

보문산사寶文山寺

동요지어 동행하고 싶은 꽃잎에
은은히 흐르는 햇살과 함께
황색나비 한 쌍이 훨훨 돌고

굽어 오르는 산사나무에는
초록 물결 흰 꽃무리들
붉은 함성 터질 듯이 안고

감성에 촉촉이 물든 들국화는
백팔번뇌를 꽃등에 얹어
사색 뜰아래에 좌선坐禪하고

고즈넉이 스며든
아기단풍이
바람 깃을 쓰다듬네

비움

순간순간 반짝반짝 웃으면서
따뜻하게 타오르던 불도 꺼져
구멍 난 지붕 별 보며 잠 잤어

불빛 하나 없는 깊은 세계에
빠져 허우적거리면서도 오직
매어달리며 몸부림쳐야 했어

방향을 잃어버린 영혼처럼
이곳저곳으로 떠돌아다니면서
깨진 사금파리줄기도 못 찾고

벼랑에 대롱대롱 매달렸지만
더는 아무것도 할 수 없기에
온몸을 내어 준 것은, 비움

가족

굴곡 험산 계곡을
다듬어 끌어안고 살면서

상처와 상처 사이에
덮치고 차인 못난이들

늙은 주름살이
보듬으며 키워낸 보금자리

아픈 옹이가 많아
파란 눈물이 흘러 꽃피었네

청산의 봄은 오는가?

다시 살기 위해 토막토막으로
곳곳에 숨어
불쑥불쑥
두더지처럼 튀어나오는 것들

일제 강점기 35년 동안
몸과 정신을 짓밟은
무단 통치로
세뇌에 박힌 것들아

죽어서도 뽑지 못해
숨은 쇠말뚝이
속에서 엉켜 붙어
붉은 녹이 섬뜩섬뜩하여라

얼마나 많은 세월 동안
피눈물을 흘려야만
깊게 박아놓은

망언막말의 추악함이 사라질까

교활한 오물을
파내고 뽑아내고 있지만
날카롭게 숨어 있어
고질병처럼 살아서 쿡쿡 찌르다

언저리마다 다른 가면을 쓰고
어둡고 마른 벽 속에 숨은
독사인가
쓰윽 기어 나와 위협하고 있네

한반도

전쟁터에 쓰러진 철모와
포탄과 불덩이의 상처가
아물지 않고 목줄을 죈다

머리 너머로 쏘아 올리는
수많은 살생 미사일들을
겨레의 가슴에 박고 있다

철조망으로 둘러싸여
웅크려 있는 화약고는
언제 터질지 모를 휴전

정월 대보름달은 오늘도
한반도를 밝게 비추는데
둥그런 통일, 내일 올까

제비꽃2

— 대전현충원에서

잠든 무덤에서
무게를 벗어버리고
살아난 꽃이여

포화 속에서도
태극기 휘날리며 핀
승리의 노래여

총과 군화 틈에서
다시 살아난
작은 아침이여

절규하며 지키려고
죽음을 던져 하나 된
깃발을 꽂은 만세가萬歲歌

자유와 평화로
힘차게 항해를 하라
미소 짓네

담금질

— 5.18 광주민주화

죽음의 냄새가 풍기는 허허벌판
검은 까마귀 소리에
일어선 사람들

군부 총칼에 살점이 얼키설키
나뒹굴어 맨손으로
울부짖어야 했던

쓰러진 전우가 자유를 열망해
생 도살당하며
벌판에 누웠다

피로 물들며 싹둑 잘려나가도
휘두른 총칼에 항아리처럼 깨져도
암흑의 밑바닥에 묻혔어도

독재의 불에 일곱 번 담금질되어
민주화民主花로
새로 빛어 태어난 자유

해설

자연의 순리를 지키는 시적 담금질
— 이창진의 시

오홍진(문학평론가)

이창진의 두 번째 시집 『무아』는 “우리 살과 피에 돌고 있는 고향,”(「고향, 봄 같은 아이」)에 대한 그리움으로 가득 차 있다. 지금은 시간 저 너머로 사라진 ‘고향’이지만, 시인은 아직도 우리네 살과 피에 감돌고 있는 고향을 분명히 느낀다. 그 속에서 일곱 자식을 살찌운 아버지는 여전히 뼈만 남은 가을 노래(「가을 풀벌레의 눈물」)를 부르고 있고, 할머니는 장독대 항아리 앞에서 두 손을 모아 가족들의 안녕을 빌고 있다. “오염되지 않은 순한 마을”을 시인은 “소곤소곤 엄마 품속처럼 따스하게/개구리 도롱뇽 알알이 키운 봄이 피던 곳”(「개울가 툼벙이」)으로 기억한다. 첨단 문명이 지배하는 이 시대에 고향은 엄마 품처럼 아늑

하게 고향을 등진 사람들 마음을 쓰다듬는다.

고향을 '엄마 품'에 비유하고 있지만, 사실 이 시집에서 '엄마'라는 존재는 부재로서만 남아 있다. 「번짐」이란 시에서 시인은 "찢어진 비닐우산도/그리웠던/뺑 뚫린 아이의 빈자리"를 이야기한다. 비 오는 날 하교 시간이면 교실을 뛰쳐나간 "개구리 닮은 소리들은" 으레 엄니를 불러댔다. "북치듯 우산을 치는 비 장단에 맞춰/나란히 걸어가며 동동 웃음이 척척/ 번져가는 다정스런 발과 발 사이"를 물끄러미 들여다보며 어린 시인은 온몸에서 "깊숙이 번지는 아픈 그리움"을 느꼈다. 검은 광목천 책보자기를 메고 이십 리 길을 걸을 때(「풋보리 그늘」)도 이렇게 서글프지는 않았다. 우산을 받쳐 쓴 엄마와 아이들의 웃음소리가 하늘 저편으로 번지는 걸 보며 아이는 가슴 깊은 곳에 맺힌 커다란 빈자리를 새삼 느낀다.

「부지깽이」를 참조하면, 부재하는 엄마는 "굶주린 어린 생쥐들이/허기진 빈 수저만 들고/이리저리 달그락거렸다"에 표현되는바, 가난 이미지와 연동되어 나타나고 있다. 부지깽이는 '아궁이 따위에 불을 땔 때, 불을 헤치거나 끌어내거나 하는 데 쓰는 막대기'를 가리킨다. 보일러가 없던 시절, 엄마는 아궁이 불을 꺼뜨리지 않기 위해 새벽부터 일어나 분주히 움직였으리라. 엄마가 없는 지금 "새 부지깽이는/외출로 분주하고/굴뚝 연기는/기약 없이 잠을 잤다". 굴뚝에 연기가 피어오르지 않는데 어떻게 굶주린 배를 채울 수 있을까? 아이는 엄마의 부재를 배고픔이라는 지독한 감각으로 느낀다. 배가 고플수록 엄마의 빈자리는 그만큼 더 아이 마음 깊이 새겨진다.

쓰레기장에 핏기 없이 버려진
국화가 쓰러져 있다

가져와서 정성껏
화분에 옮겨 심었다

볕이 예쁜 오월
수레국화가 싹눈을 틔워

파란 하늘로 펑펑 펼치며
방안을 덮었다

가족의 마음이
점점 파래졌다

버려지고 쓰러졌다고
쓸모없는 것이 아니라는 것

우리에겐 겨울지나 봄에 필
하늘 닮은 싹눈이 숨을 쉬고 있다

—「싹눈」 전문

쓰레기장에 마른 국화가 버려져 있다. 핏기 하나 없는 국화를 시인은 정성껏 화분에 옮겨 심는다. 살지 말지는 국화의 생명력에 달려 있다. 볕이 예쁜 오월 어느 날 수레국화가 싹눈을 틔웠다. 생명이란 이런 것이다. 조금이라도 살아날 희망이 보이면, 생명은 어떻게든 살 길을 찾는다. 파란 국화꽃잎이 사방으로 뻗어 나간다. "가족의 마음이/점점 파래졌다"는 시구로 시인은 새로운 생명으로 피어난 수레국화를 향한 시심을 표현한다. 시인은 말한다. "버려지고 쓰러졌다고/쓸모없는 것이 아니라"고. 버려지고 쓸모없는 것이라고 손가락질 받던 한 생명이 가족의 마음을 위로하는 뜨거운 생명으로 거듭난다.

'싹눈'은 생명의 눈을 의미한다. 눈보라가 휘몰아치는 겨울을 견딘 존재만이 싹눈을 틔울 수 있다. 시인은 싹눈을 "하늘 닮은 싹눈"이라고 표현하고 있다. 땅 깊숙이 뿌리를 박은 싹눈은, 바로 그 힘으로 드넓은 하늘을 온몸으로 품어 안는다. 지금은 한겨울 찬바람에 한껏 몸을 움츠리고 있지만, 이 겨울이 지나고 봄이 오면 하늘 닮은 싹눈이 피어나리라는 걸 시인은 분명히 알고 있다. 쓰레기장에 버려진 수레국화가 온몸으로 파란 하늘을 펼쳐냈듯, 엄마 없는 세상에서 일상처럼 굶주렸던 아이 또한 마음 깊이 싹눈을 품고 다가올 봄을 기다리고 있다. 이창진 시인에게 '고향'이란 무엇보다 하늘을 품은 싹눈으로 마음속에 새겨져 있다. 지독한 가난 너머에서 시인은 때가 되면 반드시 피어날 싹눈=희망을 보고 있는 셈이다.

「눈물, 맵다」에는 금강에서 고기를 잡은 아버지가 말없이 집으로 돌아와 연탄불에 매운탕을 끓이는 장면이 나온다. 부뚜막 연기가 눈에라도 들어간 것일까? 아버지 눈에서 황소 눈물자국보다 진한 눈물이 흐른다. 찢어진 우산조차 그리워하는 아이 마음을 아버지도 아는 것이다. 엄마의 정을 가장 그리워할 나이가 아닌가. "둥근 눈에서 흘러내리는/외롭고 쓸쓸한 눈물자국을 봤다"라고 시인은 쓰고 있다. 어린 시절에는 몰랐을 눈물의 의미를 시인은 나이가 들고 나서야 비로소 깨닫게 된다. 아버지는 엄마 마음을 담아 매운탕을 끓였을 것이다. 엄마의 빈자리를 매운탕에 담아 조금이라도 그 허전함을 메워주고 싶었을 것이다. "집을 비우는 허공 속 엄니"를 잠시라도 대신하려는 아버지의 마음을 새삼 느낄 수 있는 작품이라고 하겠다.

아롱아롱 서서

한 몸 붉도록 바삭 태운
한줄기 연보라

—「부평초」 3연

해안가 바위 틈 뿌리박고
백설 위에 선 동백나무에
순정 묻은 둥근 눈망울이
붉게 타는 입술에 빠졌네

—「동박새」 전문

밤안개와 찬 이슬에
깊은 속살을
백옥같이 뽑어낸 꽃

—「목련화」 1연

이창진은 사물 하나하나가 펼쳐내는 모습을 다양한 감각의 언어로 표현한다. 언어란 원래 사물이 지닌 다양한 속성들을 추상화하지 않던가. '꽃'이라는 언어로는 헤아릴 수 없이 많은 꽃들의 감각을 드러낼 수 없다. 김춘수처럼 꽃이라는 사물에서 존재의 비의(秘義)를 들여다보는 시인도 있지만, 이럴 경우 시는 '상징의 숲'이라는 극도의 추상성을 벗어나기 힘들다. 위에 인용한 시들에 드러나는 대로, 이창진은 사물이 내보이는 상징성보다는 사물 자체를 묘사하는 데 치중한다. 이를테면 「부평초」에서 부평초는 “아롱아롱 서서/한 몸 붉도록 바삭 태운/한줄기 연보라”로 표현된다. “젊은 영혼의 갈증”(같은 시 1연)과 같은 상징어도 나타나지만, 시인은 무엇보다 젊은 영혼의 갈증을 시각적으로 표현하는 일에 관심을 기울이고 있는 것이다.

사물을 감각적으로 표현하려는 시심은 「동박새」에도 그대로 이어진다. 우선 해안가 바위틈에 뿌리를 박은 동백나무 주변으로 하얀 눈이 깔려 있다. “순정 묻은 둥근 눈망울”을 한 동박새 한 마리가 동백꽃의 “붉게 타는 입술에” 빠져 넋을 놓은 상황을 시인은 예민한 감각으로 드러낸다. 백설—둥근 눈망울—붉게 타는 입술로 이어지는 이미지의 흐름으로 시인은 맑디맑은 초봄의 풍경을 구현하고 있다. 시 제목은 ‘동박새’지만 사실 이 시는 동박새에 초점을 맞추고 있지 않다. 동박새를 둘러싼 붉은 동백꽃과 동백꽃을 둘러싼 흰 눈이 둥근 눈망울을 한 동박새와 어울려 다채로운 감각의 세계를 표출하고 있다. 살아있는 생명만이 살아 숨 쉬는 감각을 뽐낼 수 있다는 것을 시인은 이 시를 통해 분명히 표명하고 있는 것이다.

밤안개와 찬 이슬을 온몸에 품은 채 꽃을 피운 목련화를 “백옥같이 뿜어낸 꽃”이라는 비유적인 감각으로 표현한 「목련화」 또한 사물 감각을 표현하는 이창진 시의 특징을

제대로 보여주고 있다. “연한 젖 몽우리에서/방울방울”(2연) 떨어진 자리에 “파란 봄비가”(3연) 피어난다. 목련은 잎보다 꽃이 먼저 핀다. “파란 봄비”는 그러니까 꽃이 떨어진 자리에 다시 피어난 잎을 의미한다. 무언가가 떨어진 자리는 어김없이 다른 무언가로 채워진다. 백옥 같은 꽃이 파란 봄비로 이어지면서 ‘목련꽃’이라는 생명은 다음 해를 꿈꾸게 된다. 꽃이 떨어진 서러운 자리가 곧 새로운 꽃을 피우는 삶터가 된다고나 할까. 살아있는 사물들을 향한 시인의 지극한 관심은 이리 보면 어린 시절에 겪은 모성 결핍과 연동되어 있다고 봐도 좋겠다.

이창진 시에서 모성은 “바위에 붙어 일곱 놈을 뽑아냈어도/뿌리만은/틈 속 깊이 숨어서 안고 울던 엄마”의 이미지로 나타난다. 고목나무 뿌리처럼 질긴 힘으로 바위 틈새를 파고들어가는 모성의 힘은 「할미꽃」에 이르면 “물빛보다 수수하게/허허허 웃으며/고개를 숙인 예쁜 산골에 할미꽃”으로 변주되어 드러난다. 모든 생명의 뿌리에 해당되는 모성의 길로 들어서기 위해 시인은 흙 한 줌으로 한 땀 한 땀 토기를 빚어내는 토기장이가 된다. 시론(詩論)에 해당되는 시인 「탄생」에서 시인은 시작(詩作)을 생명 탄생과 연결시키고 있다. 시 작품 하나하나에 숨을 불어넣기 위해 시인은 스스로 모성을 지닌 존재가 된다. 일곱 놈을 뽑아내도 뿌리만은 튼튼한 모성 이미지는 바로 이 자리에서 성립한다고 할 것이다.

사십 년 만에 고향을 찾아가보니
추억이 배어있던 산마루는 간곳없고
아파트에 싸인 느티나무만 우뚝 서 있네

오백 년의 흔적을 안고서도
흔들리지 않고
고향에 뿌리박고 있는

우리들의 이름을 품고서
우주공간 풍세風勢를 맞으며
떠나지 않고 버틴 세월의 연륜

깊게 파인 상처와 뒤틀린 몸으로
싸우고 넘으며 고향의 벗을 붙잡고
변함없이 고향의 몸으로 살고 있네

누구의 이름인지
누구의 살결인지
누구의 아픔인지
누구의 생명인지

고향을 만지고 있는

세월의 두께로 주름살을 다듬지 않아도
뚝뚝 떨어지는 거친 땀

무의 경지 속 뛰노는 초록 바람을 키우는
느티나무 한 조각에 들려 인생 노을 젓네

—「무아無我」 전문

사십 년 만에 고향을 찾은 시인을 "깊이 파인 상처와 뒤틀린 몸"을 한 느티나무가 맞는다. 어린 시절의 추억이 배어 있던 산마루는 보이지 않고, 그 자리를 하늘 모르고 치솟은 아파트가 차지했다. 이곳이 고향이라는 증거를 시인은 오로지 세월의 두께가 잔뜩 묻은 느티나무에서 찾는다. 오백 살이 넘었다는 저 느티나무는 지금도 흔들리지 않고 고향에 뿌리를 내리고 있다. 기껏해야 백 년을 사는 인간이 덧없이 떠나버린 자리를 오백 년을 더 산 느티나무가 처연히 지키고 있다. 시인은 이 느티나무를 보면서 "우리들의 이름을 품고서/우주공간 풍세風勢를 맞으며/ 떠나지 않고 버틴 세월의 연륜"을 느낀다. 느티나무를 보며 자란 아이들이 고향을 떠났다가 느티나무를 보기 위해 다시 고향으로 돌아오는 격이라고나 할까.

느티나무의 몸 곳곳마다 깊이 파인 상처가 새겨져 있다. 몸은 뒤틀려 하늘을 향해 우뚝 솟아있을 수도 없다. 그런 몸을 애써 붙잡고 느티나무는 고향의 "벗을 붙잡고/변함없이 고향의 몸으로 살고" 있다. 세월의 두께만큼이나 두터운 정을 품은 채 느티나무는 "누구의 이름인지/누구의 살결인지/누구의 아픔인지/누구의 생명인지" 모를 것들을 온몸 가득 품고 있다. 돌려 말하면 느티나무의 몸에는 시인이 살아온 세월의 더께가 덕지덕지 묻어 있다. 하여, 느티나무는 그저 느티나무라고 할 수 없다. 느티나무에서 시인은 고향의 뿌리를 본다. 고향의 뿌리를 모성이라는 말로 되돌려도 무방하겠다. 산마루가 사라진 자리에 아파트가 들어섰지만, 느티나무는 여전히 아파트에 싸여 굳건히 살아 있다. 이만하면 우주목이라고도 해도 상관없지 않을까?

시인은 고향 땅에 여전히 뿌리를 내리고 있는 느티나무에 '무아(無我)'라는 말을 붙이고 있다. 무아는 분별심을 내려놓은 경지라고 이야기할 수 있다. 분별심에 매인 사람은 늘 사물의 가치를 평가하려고 한다. 이것은 좋고 저것은 나쁘다, 이것은 옳고 저것은 그르다와 같은 분별심이 커질수록 사람들은 자기를 중심에 세우는 망상에 빠질 수밖에 없다. 시인은 "무의 경지 속 뛰노는 초록 바람을 키우는/느티나무"를 말하고 있다. 무의 경지에 이른 존재에게 고향은 과연 어떤 의미를 지니고 있을까? 고향은 어찌 보면 떠나고 말고 할 자리가 아닌지도 모른다. 언제 어디에 있어도 우리는 언제나 '고향'과 함께 있는 것이라고 말하면 어떨까? 느티나무는 바로 이 비어있는 마음을 알기에 오늘도 그 자리에 우뚝 서 있는지도 모르겠다.

무아를 이야기할 때 우리가 간과하지 말아야 할 점이 하나 있다. 무아는 분명 비어있는 마음을 가리키지만, 그러한 경지에 이르기 위해서는 무수한 고통과 맞닥뜨려야 한다는 점이다. 고향을 지키는 우주목인 느티나무의 몸에는 숱한 상처가 새겨져 있다. 그 상처가 없었다면 느티나무는 고향 땅에 뿌리박을 엄두조차 내지 못했을 것이다. 「선인장 부부」에 나타나는 대로, 선인장 부부는 애증의 힘으로 사막이란 거친 세상을 살아왔다. 고집 센 아버지와 연하면서도 단단한 어머니가 살아낸 삶을 애증 말고 어떤 말로 표현할 수 있을까? "사막에서 한 몸으로 뜨겁게 살아가는 선인장 부부"야말로 상처투성이 몸으로 고향을 지키는 느티나무에 걸맞은 존재라고 할 수 있는 셈이다.

순간순간 반짝반짝 웃으면서
따뜻하게 타오르던 불도 꺼져
구멍 난 지붕 별 보며 잠 잤어

불빛 하나 없는 깊은 세계에
빠져 허우적거리면서도 오직
매어달리며 몸부림쳐야 했어

방향을 잃어버린 영혼처럼
이곳저곳으로 떠돌아다니면서
깨진 사금파리줄기도 못 찾고

벼랑에 대롱대롱 매달렸지만
더는 아무것도 할 수 없기에
온몸으로 내어 준 것은, 비움

—「비움」 전문

누구는 말한다. 하루하루 사는 일이 곧 마음을 비우는 일이라고. 시인은 이 말이 마음 깊은 곳에 와 닿아 순간순간 저도 모르게 반짝이는 웃음을 짓기도 했고, 가슴 깊은 곳에서 타오르는 꽃불을 들여다보며 새로운 삶을 향한 희열에 젖기도 했다. 하지만 한 때뿐이었다. 뜨겁게 달아오르던 몸은 이내 식어버려 불빛 하나 없는 어둠에 빠진 채로 허우적거린 게 한두 번이 아니었다. 어둠 속에 있으려면 어둠에 익숙해져야 한다. 어둠을 부여잡고 몸부림을 치다보면 어느 새 어둠은 어딘가로 사라지고 방향을 잃은 영혼만이 시인 앞을 서성거렸다. 어둠에 깊이 잠겼을 때 시인은 어둠을 붙잡으려고 했고, 가슴 속에 뜨거운 불이 타오를 때 시인은 온몸으로 그 불을 잡으려고 했다.

손만 내밀면 잡을 줄 알았던 그 어둠과 그 불은 어디로 가버린 것일까? 방향을 잃은 영혼을 끌어안은 채 시인은 이곳저곳을 떠돌아다녔다. 깨진 사금파리줄기 하나도 못 찾고 벼랑에 대롱대롱 매달려 벼랑 아래로 떨어지는 날만을 손꼽아 기다리는 날도 있었다. 벼랑에 매달린 상태로는 아무것도 할 수 없었다. 벼랑 위로 올라갈 수도, 벼랑 아래로 뛰어내릴 수도 없는 이 상황에서 시인은 "더는 아무것도 할 수 없기에" 온몸에 그득 찬 열망을 그저 내려놓았다. 말 그대로 더는 아무것도 할 수 없기에 아무것도 하지 않았다. 아무것도 하지 않으려는 그 마음조차 내지 않자 벼랑에 대롱대롱 매달려 있던 몸에 비로소 힘이 주어졌다. 이상하지 않은가? 아무것도 하지 않는데 무언가를 하도록 하는 이 마음=몸의 여정이라니.

자연(自然, 스스로 그러함)은 아무것도 하지 않지만, 계절에 따라 온갖 만물을 피워낸다. 노자(老子)는 이를 자연의 도(道)라고 했다. 무언가를 행함으로써 무언가를 이루는 인위(人爲)는 언제나 그에 합당한 대가를 요구한다. 꽃을 피운 대가로 자연이 열매를 요구한다면 어떻게 될까? 봄이 오면 "흙의 온기 살아/꿈틀꿈틀 문 열리고"(「사월」)라고 시인은 쓰고 있다. “묵은 장독대/틈 사이에 핀 꽃잎”(같은 시)은 어떻고, “햇살 마시고 싶은/그늘진 풀잎 마음”(같은 시)은 또 어떤가? 인간의 이성으로는 다가갈 수 없는 자리에 온갖 사물들이 자라나는 ‘스스로 그러한 도’가 있다. 무언가를 비운 존재만이 무언가가 내보이는 길을 엿볼 수 있다고나 할까? 이창진은 마음을 비운 자리에 무엇을 채우려고 하는 것일까?

양지바른 산언덕에
봄볕을 맞은 개나리
첫사랑의 설렘처럼 두근두근 물들어가고

—「입춘」 1연

굴곡 험산 계곡을
다듬어 끌어안고 살면서

상처와 상처 사이에
덮치고 차인 못난이들

—「가족」 1~2연

죽음의 냄새가 풍기는 허허벌판
검은 까마귀 소리에

일어선 사람들

—「담금질 —5.18 광주민주화」

「입춘」에서 시인은 양지바른 산언덕에 피어난 개나리에 주목하고 있다. 첫사랑의 설렘으로 온몸을 노랗게 물들인 개나리를 보며 시인은 봄날을 맞아 뜨겁게 가슴을 부풀리는 젊음을 느낀다. 알다시피 봄은 겨울 다음에 오는 계절이다. 겨우내 움츠렸던 몸을 한껏 펼치는 계절이 봄이라는 말이다. 따뜻한 봄바람이 불어오면 뭇 생명들은 가슴 깊은 곳에서 밀려오는 생명력을 온몸으로 느낀다. 봄이 가면 여름이 오고, 여름이 가면 가을이 오는 게 순리이다. 자연 속 생명들은 순리를 따라 피고 지는 일을 반복한다. 시인은 무엇보다 자연이 펼쳐내는 이 순리를 시작(詩作)의 근본으로 삼는다. 비우고 채우는 이치는 이로써 이창진의 시를 이끄는 원형으로 작동하고 있다고 하겠다.

비움과 채움을 하나로 잇는 시학은 「가족」에서는 상처받은 못난이들이 펼쳐내는 사랑으로 변주되어 나타난다. 굴곡 많은 인생길을 사람들은 '가족'이라는 이름으로 서로를 다듬고 끌어안으며 살아왔다. 인용하지 않은 3연에서 시인은 "늙은 주름살이/보듬으며 키워낸 보금자리"로 가족을 표현하고 있다. 부모 얼굴에 주름살이 늘수록 자식들은 그만큼 더 성장을 한다. 자식을 키우는 부모에게 시간이란

"아픈 옹이가"(4연) 맺히는 일과 다르지 않은 것이다. 아픈 옹이에서 흘러나온 "파란 눈물"(4연)이 꽃을 피우는 것은 이리 보면 자연의 순리라고 말할 수 있다. 못난이들은 못난이들끼리 얼싸안고 살아가야 한다. 자연 이치를 거스르면 상처만 더욱 더 깊어질 뿐이다.

5.18 광주민주화 운동을 소재로 한 「담금질」에서 시인은 자연 이치를 거스르고 '광주'를 피로 물들인 권력자들의 행태를 고발하고 있다. "죽음의 냄새가 풍기는 허허벌판"에서 사람들은 총칼에 맞서 굳건히 일어섰다. 명분이 없는 권력일수록 총칼을 내세운다. 저항하는 이들을 폭력으로 제압하기 위해서이다. 군부 정권이 휘두르는 총칼에 온몸이 잘려나가도 사람들은 물러서지 않았다. 한 발짝이라도 물러서면 민주와 자유를 향한 길은 이내 막혀버린다. 시인은 광주민주화운동을 "독재의 불에 일곱 번 담금질되어/ 민주화民主化로/ 새로 빚어 태어난 자유"(같은 시 5연)로 명명한다. '담금질'이라는 시어가 눈에 띈다. 독재의 불에 스스로를 단련시키지 않았다면 해방광주의 자유는 이루어질 수 없었을 것이다.

자연의 순리를 존중하는 시인은 순리를 어기고 자기 욕망을 채우는 데 급급한 권력자들을 향해 독재의 불에 담금질된 시민들을 내세운다. 시민들이 순리를 따라 민주와 자유를 추구한다면, 독재자들은 순리와 반대되는 길로 총칼을 들고 내달린다. 「한반도」를 따르면, "철조망으로 둘러 싸여서/웅크려 있는 화약고는/언제 터질지 모를 휴전"(3연) 상태로 우리네 삶을 옥죄고 있다. 무엇을 위해 권력자들은 이 땅에 수많은 무기들을 배치한 것일까? 첨단의 살인무기로 전쟁을 방지하겠다는 헛소리를 권력자들은 쉴 새 없이 내뱉는다. 순리를 저버리고 역리(逆理)를 선택한 대가를 지금 이 땅을 사는 이들이 온몸으로 겪고 있는 셈이다.

이창진의 시는 이렇듯 자연의 순리에서 우리가 지향해야 할 길을 찾고 있다. 봄이 오면 여름이 오는 게 자연의 순리이다. 봄에 씨앗을 뿌려야 가을에 수확을 할 수 있다. 봄에 아무런 일도 하지 않고 가을에 수확만 기대하는 마음은 말 그대로 순리를 어긴 것이다. 문제는 순리를 어긴 사람들이 권력의 이름으로 이 세상을 지배하고 있다는 점에 있다. 시인은 그런 세상을 용납하지 않는다. "새로 빚어 태어난 자유"(「담금질」)를 지키기 위해 그는 오늘도 끊임없이 뜨거운 불에 자신을 담금질하고 있다. "뜨거워진 가슴/두 뺨에 흐르는/시어의 상상력"(「시어詩語」)이 살아 숨 쉬는 시는 바로 이 지점에서 뻗어 나온다. 스스로를 담금질함으로써 더욱 깊어지고 더욱 넓어지는 길을 이창진은 시 쓰는 일로 실천하고 있는 것이다.